JN439214

염화미소

국립중앙도서관 출판예정도서목록(CIP)

영화미소 : 김은수 시집 / 지은이: 김은수. -- 대전 : 지혜, 2016
p. ; cm

ISBN 979-11-5728-188-6 03810 : ₩9000

한국 현대시[韓國現代詩]

811.7-KDC6
895.715-DDC23 CIP2016013103

지혜사랑 148

염화미소

김은수

지혜

시인의 말

밤마다 별들의 얘기가 들려
하늘을 본다
이른 아침 산과 물을 보고
흙을 물고 있는 잡초를 뽑는다

어둠이 아직 존재하는 듯
눈시울이 뜨겁게 차오르는 것은
빛을 마중하기 위해서
눈을 게우는 것일 게다

이제
누군가에게 기억되길 바라는 것보다
그를 위해 묵언의 기도를 보내고 싶다
이 한 권의 염화미소로
당신의 가슴을 붉게 데워주고 싶다.

2016년 4월
김은수

차례

3부 풀의 말

4부 달팽이의 꿈

5부 사람의 향기

6부 천불

7부 시 짓는 농부

8부 해탈문

• 일러두기

한 연이 첫 번째 행에서 시작될 때는 > 로 표시합니다.

1부

염화미소

염화미소 1

연못 속 연꽃 한 송이
구름밭 귀퉁이에 폈네

밤하늘별에서
너럭바위까지
묵언의 향기 환하다

두 손 합장에
고요한 천심동자
염화미소로 화답하네.

염화미소 2

땅 보고
하늘을 봐
해맑은 널 느껴

날 보고
너를 생각해
보름달이 구름 속에
어화둥둥 춤춘다

거기 숨어도
눈감고 귀 기울이면
웃음꽃 별똥되어 흐르네.

황새의 꿈

잊혀진 이름표
천연기념물 199호

길고 빨간 다리와 부리
희고 부드러운 깃
큰 날개 펴고 세상을 나섰다

당당하게 속세를 누비던
묵언스님은 오늘도
죽장 들고 타닥타각
졸고 있는 대문을 두드리고 있다.

황새는 말하지 않는다

살다 보면 참 말도 많다
할 말 못할 말
해야 되는 말 해서는 안 되는 말
차라리
황새는 울대를 지워버렸다

잘못되었다 싶으면
긴 다리 건들거리며 가서
그냥
긴 부리로
툭툭 어깨치고 먼 산 본다

새하얀 깃 세우고
훨 날면
바다도 친구 하늘도 친구
새벽녘 별들조차 품에 안기지만
황새는 결코 말하지 않는다.

평화의 정원

태백산 한 자락 걷어 올리면
동서남북 행복기원 암자 있다네

솔 숲 따라 들어서면
투구꽃 시월 하루 생긋 반기고
영산암 돌담 내어주며
수줍어 고개 숙인 여뀌
염화미소 띄며 기다리는 곳

사각 정자 묵언의 기다림
귀 닫고 눈 감고 가부좌 틀면
영산암 정자골 갈바람에 물들고
극락정원 꽃향기 구름타고 바람타고
천지사방 꽃 피운다

산사에 황혼이 질 때면
주홍 하늘 가을을 물들이고
극락전 공양 염불소리 청정할 쯤
사바세계 목 축이는 목어풍경 소리는
구름날개 활짝 펴고 하늘을 난다.

행복의 열쇠

한밤중
어둠을 깨우는 당신
말없이 건네는 열쇠 하나

감사의 맘으로
문을 열었습니다
순간 눈부신 빛줄기
원 안의 나를 풀어놓습니다

시작과 끝
빛과 어둠 그리고 그림자
미움과 원망과 절망의 고삐는
쪽빛 바다 밑바닥으로 사라집니다

이 아침
아직 잠든 당신께
솟아오르는 열반의 합장으로
열쇠 하나
손에 꼬옥 쥐어 드립니다.

침묵의 뼈

침묵의 살점 도려내면
형체를 알 수 없는
예리한 뼈만 서 있다

핏줄로 엮인 세상
어두울수록 더 선명하게
갈비뼈 드러나고

그믐밤
하늘을 찢고 일어서는 별똥별
홀연히 바다를 안고 피를 토한다.

단꿈

꿈을 꿨습니다
그 꿈을 따라 갔습니다

잎도 나고 꽃도 피우니
열매도 달렸습니다

어느새
노을빛은 꽃눈을 멀게 합니다

하늘에서 눈이 내립니다
겨울 내내 온몸 흠뻑 젖고서야
살갗 뚫고 실눈 곱게 꿈을 꿉니다.

바람

바다 위에 놀다
구름 위 떠다니고

바람 노래 귀 기울이고
숲의 향기에 비틀대다
물소리에 낄낄 웃는

양지 꽃길 산책하다
상사화 고백에
산허리 안고 맴도는

한낮의 유혹에 눈멀고
밤마다 별똥 찾아 두리번대는
우주의 품새에 길들여진
황홀한 세월의 바람둥이

아름다운 동행

낯선 곳으로 태양을 찾아
호기심 많은 당신과 찾아간 그곳

당신이 섰던 자리에 그림자로 남아
먼발치로만 다가서던 그 맘 고왔네

알아보는 사람은 없어도
모두가 낯익은 얼굴
이름 모르는 꽃과 열매
야자수 아래서 바다를 본다

맨발로 모래밭을 뛰어노는
어린 계집아이가 되어 깔깔댄다
비밀의 문이 열리고
찌들었던 내가 모래알되어 사라진다

말레이시아 싱가포르 인도네시아가
정겹게 어우러져서 사네
우리 이제 같이 걷고 보고 느끼니
계절을 붙잡은 여기저기
이 봄날의 동행을 어이 잊을 수 있을까.

2부

세상의 시작

세상의 시작

생 그 이전의 시작은 어딘가
끝의 시작은 내가 살아있음인데

뿌리가 땅 밑으로 달려가는 동안
세상의 그 어느 곳이든 뻗어 가는 줄기
시공의 중력은 삶과 죽음의 중심점인가

밝고 어둠의 침묵이 날을 세우면
늪 속 깊은 곳 고목의 싹은 움을 틔우고
목마른 정령들이 이슬로 목 적실 때
쩍쩍 갈라진 허물을 밀고 나오는 살점들

오월 초록 숲에 두 손 넣으면
불끈 솟아오른 뼈 하나
세상의 틈새로 끼워 넣으면
계곡은 청명한 생명수를 토해낸다

큰 산 귀퉁이에 잔뿌리 나거든
시작에서 끝으로 다시 시작되는 매듭
들길을 걷다가 노을을 만나면
맨 처음 보았던 핏빛 모정의 숲이 열린다

>

겨우내 꽁꽁 묶인 매듭
슬슬 풀어 갈 지금
설레게 일어서는 아침 햇살
그 가운데 내가 서 있다.

노아의 방주

흙으로 사람 만들어
산 바다 바람 구름과
함께 살라했네

욕심 많은 수요에
공급은 상처를 입고 피 흘리고
비료와 살충제에 감염되고
병충해에 시달리고
바닷물은 넘쳐나고
바람은 길이 막혀 회오리 치고
구름도 병들어 회색빛이라네

어미는 새끼를 안고
내일을 지켜야 해
허세와 욕망의 반란 위에
사랑의 노를 저을
큰 배를 만들 때다.

창조의 힘

매듭과 매듭 사이
직선이 곡선과 이어지는 곳
에로스 사랑이 승리하던 날

빛과 그림자의 경계는 지워져
우주의 밑그림 위에는
태동의 맑은 미소 걸렸다

움직이는 것과 멈춘 것이
서로 맞물려 밀담을 나누고
마당바위 실금 사이로 별똥 하나

수억 겹 싸고 싸도
바람 길 따라 뚫고 나오는
연둣빛 줄기세포 심는다.

세상의 중심

팔조령 꼭대기에 서면
이서 들녘 논두렁 밭두렁
냉이꽃 씨알 방울 소리 들린다

기울어 쉼 없이 도는 하늘
두 팔 벌려 목줄 단단히 잡으면
당신이 서 있는 그곳이
세상의 중심이 된다.

괄약근

맨 처음
맥박 뛰기 시작한 순간
삶의 실타래는
견고하게 이어지고

됫박 속 오욕칠정
욕심 찌꺼기 끌어안고
어금니 꼭 깨물고 버티고 선

깊은 어둠의 수렁에도
묵묵히
정신줄 거머쥔 손
생사의 마지막 자존심.

앵혈櫻血

태초의 그곳엔
아무런 소리가 없었다

뜨거운 영매永媒가
풀잎 이슬이 되기까지
숨 가쁜 시간의 흐름이었지

분노하는 사자 목젖의 전율
배고픈 아가 입술의 떨림
풀에 맺힌 표면장력의 응집력

이것은
기다린 만큼 더 진화된 포효飇囂

저절로 쩍 벌어진 석류 속
말없이 쏟아내는 시작의 혈血
그 투명한 앵혈櫻血.

북극성

태양 등진 밤
파도소리 물안개
갯바위에 길을 묻는다

밀려드는 숨 가쁜 잔상
바람은 달빛 아래 숨고
모래알은 길을 지운다

어둠과 빛의 사각지대
비린내 맡으며 달려드는 공포
순간
깡그리 비워진 허공 속 점 하나

깜깜할수록 더 환하게 다가서는 빛.

대금

하늘만 보며 살다
숨 죽여 기다린 올 곧은 길
마디마디 날선 사연

옹이 마다
흰 점 찍고 구멍 뚫어
비로소
하늘 들고 구름도 놀러 와
바람의 몸에 지문을 찍고

대밭골 청푸른 청이
세상을 향해 설설 말 붙인다.

어머니의 꿈

어머니의 어린 시절은
복사꽃 만발한 실개천 따라
가야 해

살다 잊힌 그 길은
봄바람 수놓던 그 하늘 밑으로
가면 돼

그렇게
바람찬 눈밭 길도 지나고
코고무신 신고 봄나물도 캐보자

저녁 아궁이 솔깔비 타듯
초가지붕 박꽃은 달을 안고
함박웃음 꼭꼭 채우고 있다지요.

딱지 떼기

길 가다 턱에 걸려
무릎이 깨졌다

왜 그리 급했던지
뭘 생각하다 그랬는지
퉁퉁 부어 아프고
피 보며 후회한다

며칠 지나 딱지 앉아
가렵고 갑갑증 나고
확 떼는 순간
또 후회한다

또 몇몇날 아침
딱딱해진 딱지가 사라졌다.

3부

풀의 말

풀의 말

오랜 가뭄
하늘에 큰불 났다

구름을 모아야 해
낮은 곳에서 바람이 인다
나무도 흙도 땀조차
말라버린 시간이 지나고
밤새 비가 내린다

툭툭 치는 빗방울에
마른 풀 주눅이 들어도
낮은 곳 더 깊게
뿌리 내려야 한다

풀의 그 말 한마디.

참나리꽃

뜨겁게 달궈진 여인의 열기는
황금 눈빛 선명한 유혹이다

계절의 여왕을 사모하는
기막힌 사연
치마 끝 살며시 거머쥐고
귓바퀴에 바람 살며시
올려놓은 밀어

조금만 더……

코스모스 긴 목 빼고 넘겨다 보는
한여름 오후 2시.

진달래 독경

멀리서 달려가고 싶어
가까이 가면 먹고 싶지

간드러진 분홍치마
알토란 씨방
가슴 한켠 선분홍

불심은 향기로 피어
독경소리
비슬산 정원 가득하다.

겨우살이

겨울이 거칠게 나오면
하늘은 멀리 도망간다
갈색추위 껍질 갈거리 찢을 때

아플수록 심장은 더 녹색을 띄고
꺾인 가지는 서로를 의지하면서
속살에 박힌 굳은살 금을 긋는다

잘 생긴 태양 깊게 사정하던 날
우듬지 위에 눈꽃 피고
계절의 사생아 두 팔 벌려 포효하는
초록의 헤라클레스 시위를 당긴다.

봄 소풍

눈보라
찬바람 쩡쩡 깨면서
긴긴 기다림의 벼랑 끝에 선
저녁놀 참 붉다
여과된 루비의 정교한 심장

아직 가지마다 춘설인데
마주한 환절기 미소에
물기 잃어 더 단단해진
산수유 열매의 신열

봄볕 한 줌 가슴 안기는 날
노랑 날개 봄놀이는 한창.

접시꽃

작년에 다섯 송이 피었는데
올해는 네 송이 피었다.

창밖 내다보는 의성댁 눈가에
서울댁 얼굴이 아직도 선한데

종일 보고픈 아들 전화 한 통 없고
저무는 노을 홀로 밟고 가야 하는 집

돌아 본 노인정 앞에 별님 내려와
꽃잎 속을 노랗게 불 밝히고 서있다.

꽃, 말이

힘겨워 머리 숙인 너에게
다소곳이 고개 들어 웃으며

새하얀 다섯 꽃잎
봄 하늘 떠받고 하는 말
작은 손으로 쪽빛 하늘
어루만지며 하는 말

새끼손가락으로 한 그 약속
맨 처음 맹세했던 보랏빛 꿈

다시 한 번 눈에 가슴에 새겨라
작은 소리로 고함치는 꽃마리 꽃 말이.

꿈꾸는 꽃

깊은 꿈속
허무와 무능의 늪에도
외로운 정령인가
황금빛 별들이 춤춘다

긴 잠에서 깨어
살포시 지게 벗어놓고
밭이랑 메는 농부의 흥얼거림

간밤 보았던 그 빛
톡 겨울을 삼켜 배부른 산수유
그 꿈꾸던 꽃날

긴 산고 끝 꽃망울 터트리면
난 노란 신방 꾸며 놓은 꼬마신랑
너는 별꽃을 수놓는 어린신부.

기생초 야고

강정보 둑길에서
바람결에 춤추는 댄서

키가 작아
갈대에 붙어
욕망의 노을 훔쳐보며
가시바람의 속사정 듣고
연분홍 입술 삐죽이면서
이리저리 귀 기울이는 나

혼자 산다는 두려움보다
함께 살아야 한다는 설레임

흐르는 별빛에 흔들리지 않고
단단히
너에게 나를 심는다.

노랑 땅나리꽃

돌담 새로 숨은 이끼
하늘 보며 머리 조아리면
발정난 여름 손목 뿌리친
노란 동정녀 웃음소리 들린다

눈으로 속삭이는
사막의 여인인가
여름에 길들여진
금빛 수채화 한 폭 걸렸다.

4부

달팽이의 꿈

달팽이의 꿈

미로의 껍질 등에 지고
세상 향해 더듬이 내미는 수도승

삭막하고 메마른 그 길
고독한 살기 마시면서 천천히
풀숲 지나 빌딩 벽 오를 때도
아무 불만없이 앞만 보고 간다

귀 막고 눈감고 묵언의 발걸음
해가 지면 어둠위에 걸터앉아
여태 온 길 모두 지우니
깜깜한 세상천지 모두가 길을 낸다.

풍선

어머니는 날마다
노란 풍선을 부신다

계절마다 열린 별자리 따다가
가슴 깊은 곳에 숨겨두고
정성스레 기도를 한다

저녁이면 팽팽해진 풍선
하늘 멀리 띄우면
오리온 카시오피아 북두칠성
가득 담은 꿈이 부푼다.

휴면休眠

해질녘 강가는 온통 난장판
어둠에 쫓겨 온 것들
그림자 길게 끌며
서로 안고 조금씩 수몰되고

비좁은 물속 뜸북뜸북
물고기 튕겨 오르고
그것도 순간
흔적없이 사라진 삶의 도구들

물결 떠받아 갈아엎는 달과
부서져 내린 별무리 수평 이룰 때
공평한 어둠
우주의 섭리 어디쯤
나도 숨죽이고 거기 있겠다.

가을을 삼킨 남자

해질녘
황금 들녘 앞에 서면
저 만큼
불길 품고 오는 사람

나뭇잎들 시시베베 물들고
앞동산은 고요히
달빛 따라 들리는
귀뚜리 소리에 귀 기울이고
감추고 숨겼던 밀알 터져난다

버림받던 개별꽃 송송 피우는 날
방황하던 남자의 눈은 달콤한
가을의 유혹 겁 없이 들이키고 있다.

내가 아는 겨울밤

지친 거죽 말리는 시간

속내 숨기고 달리던
허물의 숨바꼭질
아리고 고통스럽던 기억들
다 묻어 버리고
애타게 기다리는 별들의 행진도
잠시 엉덩이 깔고 쉬어 가는 곳

여기서부터는 통행금지

겨울밤
속눈썹 껌벅이며 잠 못 드는 건
배부른 대지 속
쫑알대는 씨앗들의 수다 때문

겨울 함성

시들은 줄기 걷고
동장군에게 도전장을 보냈다
침묵은 더 이상 언어가 아니라고

텃밭에다
오기와 분노의 고랑을 내고
양파와 마늘을 심었다
며칠 뒤
비닐 구멍 안에서
겨울질에 조소라도 하듯
쭈뼛거리는 싹

깊은 곳으로
더 낮은 곳을 향해
실핏줄 곤두서는 소리

아름다운 불륜

일상의 습관이 권태롭고
길들여진 사회의 단조로움에
반기를 든다

어둠의 깊은 침묵 속에서
고요의 강둑은 언제나
실룩거리는 법

팔다리가 부셔져도 일어서는 꽃
말없이 다가서는
우주의 섭리를 믿는다

고목의 심장에 깃대를 꽂아라
늦은 봄날 붉은 물 고이면
허공을 수놓는 불륜의 꽃 피우리라.

꽃은
상처 난 자리에 꼭 핀다

묵은 거죽 풀고 물오른 가지
솜바람에 퉁퉁 부어오르면
봄볕이 쓰다듬어 새살 돋는다

악몽에 울부짖던 속사정
강너울에 풀어내면
봄길 따라 꽃은
상처 난 그 자리에 꼭 핀다.

참꽃 일기

꿈도 꾸지 않고 잠 깼다
가녀린 몸 웅크린 당신 옷자락 차다
산짐승 할퀴고 간 자리 잔가지 부러지고
지난 밤 꿈도 꾸질 못했다

어쩌면 내일
산사 염불소리 극락으로 인도할 때
바리바리 욕망의 늪 탈출할지 몰라
더 이상 기다릴 수 없다
피가 나도록 하늘을 봐야 해
해가 지는 꿈 결코 꾸지 않겠다.

봄밤에 피는 꽃

겨울밤
어둡고 시리고 매서웠지
굽은 여인의 허리 같은
산허리 턱 괴고 졸고 있는 하현달

크고 작은 꽃잎 반짝인다
오리온 물고 있는 전갈과
어미 위해 놓은 징검 돌다리 일곱
태양신의 아들이 흘린 눈물이 굳어버린
후회의 별자리도 저기 달렸네

이른 봄밤 서성대는 노란별
산수유골 집집마다 할머니 얘기에
창살 길게 봄마중 나선다.

5부

사람의 향기

사람향기 1

당신 머문 자리에
사람냄새가 나네요

지게 지고 들판 갈 때도
멋진 옷 입고 백화점 갈 때도

아카시아 배롱꽃
들국화 복수초처럼
당신의 몸짓 섬세한 손길

그 자리에서 향기가 납니다.

사람향기 2

이른 아침 맨 처음
하늘에 걸린 구름에 윙크하는

바람결 햇살 한 모금
산새 소리에 귀 기울이고
자연의 기쁨을 맛보는 사람

시골 장터 한켠
국밥 한 그릇에 환한 미소로
하늘을 쳐다보는 당신

분명
당신은 사람향기가 있습니다.

사람향기 3

비 오는 날 빗방울 세듯
사랑하는 사람 안녕을 묻고
소금쟁이 물 위 걷듯
실개천 풀 속으로 산책하는

담배 한 모금에
어제를 훌훌 털어 보내고
지는 해 보며
멋진 내일 기약하는

별자리마다 행복 심는 그대
달빛 향 그윽한 어둠의 쉼터이더라.

호박

아침이 되면
나를 몽땅 쏟아낸다

버린 만큼
호사스런 하루
또 먹어 치우겠지만

속을 아는 그는
속을 다 갈아 먹어야
직성이 풀린다

뼈와 살, 씨앗마저
누렇게 익어 어디 든
둥글게 잘도 굴러

술 취한 세상
시원하게
속 풀어낸다.

된장국

아버지는 농부였다

식사 때는 늘
두레상을 펴고 우리는
메주콩이 되어 앉았고

정성스런 어머니의 손끝과
구수한 아버지의 땀으로
양은냄비는 펄펄 끓었지

서로 부딪히는 숟가락 소리에
웃음으로 화답하던 단칸방

오늘은 퇴근길에 뜸북장 사 들고 가
아버지의 마음에 실컷 배부르고 싶다.

마음꽃

잎사귀 사이로 노란 꽃잎 열리면
마술사 소매 속 천의 얼굴 보인다

아침이면 양지꽃 저녁엔 고목꽃
때로는 방에 갇힌 난초꽃
시시때때로 변하는 얼굴 바로 당신

슬픈 미움꽃 보다 행복한 사랑 꽃으로 피어
그믐 밤 힘없이 걷고 있을 그대 발길에
마음꽃 밝히고 초롱꽃 총총 징검다리 놓으리.

행복곡선

행복하고 싶지요
사는 날까지

정상을 향한 발걸음 앞에
작은 오솔길 하나 있고
바람은 늘 틈을 노리며
길을 지우지만
그럴 땐 슬쩍 비켜서세요

가다가 하늘이 보이거든
걸어온 길 돌아보고
거머쥔 손 펴고 땀 닦아요

그럼 참 행복합니다
두 팔 벌려 수평선 찢고
빛길 따라 노젓는 썰물처럼.

회색 하늘 2

구름이고 싶다
회색 하늘이고 싶다

색안경 끼지않아도
당당하게 하늘 볼 수 있는

때론
한여름 뙤약볕 지우는 그늘로
겨울가지에 눈꽃 피우기도 하면서

미치도록
모나고 상처 입은 사람
회색 깃 툴툴 털면
후둑 쏟아내는 빗줄기

온 세상 다 품고 있는
언제나 넉넉한 당신이고 싶다.

사람 맛

안평 장터엔 사람 맛이 난다

맵고, 시원하고, 고소한
벅적지근한 진국 맛

보채는 어린애와 젖먹이는 어미
그리고 구수한 욕쟁이할멈
깎아달라는 아지매가 참 정겹다

끙 끙 끙
사람 맛에 취한 양복에서
구수한 된장 냄새가 난다.

어머니의 지참금

어머니는 시집오실 때
무명 주머니 하나 차고 오셨는데
아버지는 그 안에 무엇이 들었는지
모른 채 오십 년을 살았다

힘들고 어려울 때면 몰래
열어 보시며 미소 짓던 당신

이제서야
그 낡은 주머니를 엽니다

사남 일녀의 행복을 기원하는
기도소리에 눈물만 가득 채웁니다.

6부

천불

천불 1

해가 산불 내
저녁하늘 낯붉히면
그 불길 냅다
가슴에 품은 여인을 찾는다

바람이 노적봉, 벼슬봉 사이를 찔러
고요한 청호저수지 물오르면
흘러간 세월 타고남은 혼이 되어
가슴 속 남은 불씨 하나
밤을 밝힌다

말없이 타는 혼불*
온천지 꽃심방에 불기둥 일으키면
저 하늘 몽땅 태우고 남을
천불 일 난다.

* 혼불 문학관에서.

천불 2

쌍봉 가지 틀어 꽃은 피고
철 따라 꽃잎 새롭기만 한데
노란 꽃심 변함없이 어둠을 깬다

한번 앉은 꽃자리
기대 누워도 이리도 넓어
홀몸 밤낮 너만 안았는데
가시는 걸음 그리도 애달픈 걸

헤아릴 수 없는
연민의 불씨 남기고
꺼지지 않은 불길 길어 올렸네

제 몸 하나 다 태우고도 못내
꺼지지 않는 꽃이 있어
타고 타 하늘까지 태워버린
천불이여!

천불 3

혼불에 데이고
그 혼에 들어가
불을 지핀 당신

오늘 아닌
그 전 전날의 그 숨결로
하루가 쉰 한 해 이더이다

한나절도 못 버텨 지는 해
그대 붉게 물드니
아!
이 가슴 속 천불납니다.

천불 4

뚝다리 건너
그네 뛰는 옥잠화
돌 틈새 며느리밥풀은
연보라 입술 활짝 열어 젖혔다

긴 세월
종이를 파서 잉크로 메우던 얘기
저수지 곳곳마다 여뀌 되어 피었네

혼불내고 가다가다 되돌아보는 사람아
불씨 하나 뚝 떨어뜨린 서쪽하늘
천불 일어 길 튼 것 알고나 계십니까?

천불 5

— 故 崔明姬님 前上書

당신의 숨소리 들린다
어둠을 시리게 하는 속삭임
어이하나 어이해야 하나

너를 잃고 너를 얻으니
아!
세상 이치가 이러 하더냐

묵묵히 가던 길 가야지

이제
너를 알고 너를 아나니
그대 천불로 깡그리 태우는가

나를.

눈뜬 봉사

세상은 밤낮으로 환하지만
마음은 늘 고장 난 가로등

꽃이 아무리 웃어도 보질 못하고
향기를 풍겨도 느끼질 못하니
눈을 떴다고 다 볼 순 없다

그대 눈감고 걸어요
한 발 두 발 세 발자국

깊이 숨겼던 나만의 문이 열리면
공포와 두려움 불신의 눈이 떠지고
생각은 마음의 눈을 깨운다

구름 속을 보고
하늘과 땅과 사람을 보라

숲을 보고
나무를 세우고 있는 뿌리 보려거든
거울 속 당당하게 서있는
당신의 두 눈을 꼬옥 감아라.

누렁이

낮엔 경비
밤에도 잠복근무 형사

밥 한 술에 꼬리 치며
충성을 다 했건만

아양 떠는 강아지
이사 오던 날

감나무 가랭이 속으로 쑤욱
명줄 단단히 잡히고 말았다.

일어서는 강

비안比安* 강가에
어린 날 추억이
등갈퀴에 조롱조롱 열려서
보랏빛 얘기 술렁대고 있다

내일 향한 물수제비의 퍼덕임
긴 목 빼고 하늘을 쪼는 왜가리

조약돌 위에 탑을 쌓는 물살
퍼덕 퍼덕 일어서고 있다

햇살에 놀라 튕겨 오르는 강물.

* 비안比安 : 경북 의성군 비안면.

꽃을 본다

꽃을 본다
잎을 보고 암술을 보고 꽃대를 보니
해와 달과 바람과 새가 들어있구나

눈에 비친 나를 봅니다
빛과 그림자 그리고 꿈이
파란 등가죽 뚫고 꽃을 피웁니다 그려.

야간 질주

자전의 법칙
그믐밤이 깜깜하다

새벽 한 시
질주의 깃발을 번쩍 들었다

붉디붉은 꽃향기 따라
무섭게 달리는 자동차
잠깐의 후회마저
어둠에 지워지고
잊었던 옛 얘기는
조문국 정원을 찾아 나섰다

멍멍이, 엉머구리 소리길 밝히고
어둠 속 작약 숨죽여 꽃피우니

해를 향한 조문국
그 암술의 노란 유혹에
야간 질주는 현재 진행 중.

7부

시 짓는 농부

시 짓는 농부

하늘 아래 씨앗 하나 뚝 떨어져
햇살 좋은 밭에 심고 정성스레 물주고
날마다 미소 지어 싹 트면
너는 나에게 꿈길 열어 보이고
실낱같던 줄기 통통 살이 올라
뽀송한 꽃봉오리 봉곳 솟을 때
눈 감고 가슴 열어 너를 안는다
참으로 설레고 벅찬 가슴앓이

햇살 저축한 씨방 속 시어 살찌고
시든 꽃 속내엔 영근 씨알 떠날 채비
붉게 익은 시 한 편
노을빛으로 산허리에 걸터앉으면
밤이 와 낙엽 위로 흰 눈 쌓이고
가슴속 오물거리던 언어들
신세계 꿈꾸며 기억창고 속
텃밭 일군다

심고, 땀 흘려 가꾸고, 추수하고
겨울엔 처마 끝에 모종을 매달아 놓는 난
때를 기다리며 살아가는 범인凡人
시 짓는 농부일 뿐.

대장장이

대장간은 내가 사는 집이다

찌그러져 반쯤 날아간 엽전
칼끝 무디어진 녹슨 칼
아무도 쳐다보지 않는 내가 산다

풀무 소리 낮부터
용광로 달구고
깨지고 부서져 녹슨 것
한 솥에 넣어 끓이면
서로 뒤엉켜 돌고 돈다

검붉은 쇳덩어리
냉각수에 들락거리며
사정없이 두들겨 맞아 피멍 들면
망치 든 팔뚝 힘줄 더 시퍼렇게 선다

새벽 햇살 대문 활짝 열어젖히면
자갈밭 갈아엎을 쟁기
문을 나선다.

황태 1

진부령 길 황태 덕장에
낮부터 눈이 내린다

잘생긴 명태 한 마리 입을 딱 벌리고 있다

얼음 계곡 쭈르르 미끄럼 타던
초승달이 명태눈알에 처박혔다

새벽이면 꽁꽁 언 대가리에 김이 오르고
펑펑 나무방망이질에 누렇게 익어가는 놈

겨울 무서리 바람을 밤낮으로 처먹더니
아 그놈 누렇게 시건들어
딱 어느 하나 버릴 게 없구나.

황태 2

오늘도 명태는 몽둥이로 매 맞는다
맞아야 살이 연하고 깊은 맛이 난다고

철사 줄에 코를 꿰인 채
아침마다 하늘을 날아오르고
올라간 만큼 땅에 곤두박질치며
찬바람 맞고
모진 눈서리에 맞고
달빛에 얼었다 햇살에 녹으며
얼마나
죽었다 살았나

물에 불려 누런 멍 지우고서 돌아보니
하늘은 시퍼렇게 멍 들어있고
머리통은 고향 쪽으로
아가리는 턱 벌리고 가부좌 틀면
이놈 저놈 모두들 두 손 모아 절을 하네

허허허
니네들이 내 속을 어찌 알까?

봄을 기다리는
겨울

봄은 어디쯤 있는지
산에는 눈꽃이 아직 만발한데
땅속 깊이 발목 당기는 것은 뭘까
메마른 겨울 속 웅크린 빙점은
얼어붙은 모세혈관의 기다림

꼭 다시 온다던 그 여자
지금은 눈옷 입은 허수아비

참새가 날아와 어깨에 앉고
겨울 빛이 발목을 간지럼 태우고
마른 풀 소곤대는 소리에도
부끄러워 고개 숙이지만

춘삼월
마른 가슴에 햇살 움집 짓고
아지랑이 치마폭 감싸 안으면
마음을 확 열어 젖히는 여인

봄은 허수아비의 꿈
그 끝에 피어나는 봄꽃
그래서
참꽃은 금세 여름을 유혹하는가 보다.

마지막 차표

궂은 날도 행복한 날에도
고백하나니
해맑은 그리움으로 널 사랑할 순 없었다

탁 트인 하늘과 포근한 구봉산*
모래 휘감고 미끄러지는 남대천*은
그대로인 걸

가까울수록 더 작게만 보이던
어린 나날
철길 따라 떠나가고

늦가을 서리 내리는 날
옹이빛 본능으로 표를 끊는다
돌아올 수 없는 막차표 한 장

이제야
긴긴 꿈 깨어 내려 선 의성역전
의성식당 꼴부리*국 한 그릇에
빽빽한 속내를 풀어 제친다.

* 구봉산 : 경북 의성군 의성읍을 둘러싼 아홉 봉우리의 산.
* 남대천 : 경북 의성군 의성읍을 가로지르는 하천.
* 꼴부리 : 경북 의성지역의 방언. 다슬기.

숨은 그림 찾기

아침부터
큰 눈 뜨고 쓰인 대로
찾기 쉬운 것부터
찾기만 했네

웃으며 즐거워도 했고
힘들어 눈물짓기도 했다

해질녘
테두리 속 텅 비고서야
여태껏 당신이 찾아 헤매던
숨은 그림 하나가 나인 줄 알았다.

겨울바라기

겨울비
가슴 가득 내릴 때
혼자 깊은 사색 마시며
봄을 기다리는

가늘게 떨리는 어깨
말없이 툭툭 말 걸어오는
빗소리에
수줍어
빨갛게 발기하는

억센 바람 불어
낙엽에 제 몸 숨기고
나즉이 엎디어 귀 기울이는
초록빛 겨울바라기.

새벽 노트

바람결에
새벽 노트가 열린다

오래 된
흑진주 빛 그믐 밤
은하수에 잠긴 헬 수 없는 언약

겨울 그 찬 손에 묶여
저녁노을 속의 재로 남지만

새벽마다
해를 여는 당신
또 무엇을 쓰시렵니까
우듬지에 매달린 그 투명한 약속.

조문국 정원

작약꽃 이불 덮었나
할미와 할범 내 아들 덤 덤들아

달 별 바람도 쉬어가는 곳
검붉은 꽃잎으로 자리 깔고
노란 꽃술 베게 삼아 누워
오월의 풀벌레, 꽃향기가
일어서는 밤
숨 가쁜 정원

아직도 잠 덜 깬 잡풀 슥 비비면
깊은 꿈 깬 조문의 무덤덤이여!

저기 금성산 꽃물 드니
이제 그만
새벽이슬에 몸 씻고 일어나라.

8부

해탈문

해탈문 1

쩍쩍 갈라진 돌산 거죽
툭 부러진 어깻죽지
속마저 텅 빈 쭉정이
깡그리 비워낸 거북 속내

가파른 계단 오르고 올라
깨고 부대 낀 돌산의 상처

대웅전 손 내밀어
이 섬 저 섬 어루만지면
청빛 바다 물들어가네
땀 훔치며 해탈문 나서네.

해탈문 2

향일암* 가는 길에
깎아 맞댄 거북바위 사이 해탈문

이문 지나면 부처님이 보일까
부처님 뵙고 나면 해탈문이 열릴까

오르고 내리는 돌문 안에
오욕의 덫에 걸린 내가 보인다

남해바다 두둥둥 떠가는
나무토막 하나.

* 향일암 : 전남 여수시 돌산읍 향일암로 60에 위치한 절.

해탈문 3

극락과 사바 사이
그 문 지나면 허허로워 진다는데

억겁 지난 오늘
덫 놓고 기다리는 거미 한 마리

밤낮을 잊은 사냥꾼
그래서
들어가지도 나오지도 못해
늘 구경만 하던 방관자

뒤돌아 본 거기
날 줄에 봉인된 육신 하나 걸려있다.

해탈문 4

오욕칠정 깎아 계단 만들고
이문 지나 부처님 전 고개 조아리고

합장한 불심 내려서는 겸손
깊은 속맘 고개 숙여 합장하는 돌문

눈 뜨면 황홀한 빛
남해 품은 눈동자가 고요하다.

해탈문 5

문을 나서
두 손 가득 쥐지 말고
발 뗄 때 작은 삶도 존중하고
향기로움에 목메지 말며
좋은 것만 눈 돌리면 안 된다

문 열고 들어와
눈감고 귀 닫고
가부좌 틀고 합장하면
삼라만상 날 안고 나를 살리고
맘은 맑은 샘물
가슴은 바다를 안은 하늘
그리고
보이는 건 모두 풀꽃이 된다.

인욕 1

빛 좋은 날
허물은 황금 갑옷이 되고
비웃음은 은빛 투구를 썼다네

겸손의 창칼이 갑옷을 꿰뚫고
진실의 미소가 투구를 벗기는 날

땅에 귀대고 하늘을 보나니
모두가 위에 있고
모두가 살아있네

빛 좋은 밥상
인욕을 삼킨다.

인욕 2

열난다
발바닥에서 머리끝까지
타들어가는 소리 없는 활화산

바람이 멈추면
바다 깊숙이 고인 음성
빳빳한 되새김질만 쿵쿵

검게 타고 난 자리
초록 고요 머릴 내밀고
산사 달빛에 처마 밑 풍경이 운다

어둠을 깨고
달려 나온 보름달
봄산을 덮는다.

꿈꾸는 새

꿈을 물고
일탈을 갈망하는 작은 새

어두운 밤길 혼자서 날고
새벽 비집고 오는
황금빛 이슬 물고
하늘 오른다

빛이 가리키는 숲속 안
키 큰 나무 사이의 물꼬 트고
고개 쏙 내미는
바위 틈 비집고 헤죽거리며
조잘대는 너

날 세운 부리는 파란 하늘 펼치고
피멍 든 나뭇가지
쪼고 또 쪼고

꿈꾸는 작은 새는
붉은 심장 할딱거리며
햇빛이 놀다간 그곳으로
비상의 날갯짓 파도를 넘는다.

연리지

무엇이 그리 속상했나
멍든 가슴 오래도록
겉은 찢기고 속살마저
허허로이 보이니

맨 처음 그때처럼
그 풋풋하던 연민과
아리기만 하던 그리움 남아

긴긴 세월 기다려 한가지로 얼싸안고
이승인들 어떠리 저승인들 어떠하랴

얼레리오 꼴레리오
환희의 웃음꽃 활짝 피웠네.

기적의 문

무상의 갇힌 원
아무도 예상할 수 없다

굳은 날
초가 굴뚝 연기 멍하니 서있고

일상으로 도배된 밀실
혹독한 시간에도 허점이 보인다

더딘 것을 염려하기보다
멈출 것을 염려하는 마음

시간의 등을 후려치며
자물쇠 깊이 쇳대 하나 꽂힌다.

해설

'염화미소'로 꿈꾸는 인간, 자연, 우주의 합일

권　온 문학평론가

'염화미소'로 꿈꾸는 인간, 자연, 우주의 합일

권 온 문학평론가

1.

김은수 시인은 '말로 통하지 아니하고 마음에서 마음으로 전하는 일'을 뜻하는 '염화미소拈華微笑'를 시집의 제목으로 선택했다. '염화시중拈華示衆'이라는 표현으로도 쓰이는 이 말은 석가모니와 마하가섭의 일화에서 유래했다. 시집의 자서自序인 '시인의 말'에 따르면 김은수는 이번 시집을 하나의 염화미소 또는 '묵언의 기도'로 규정한다. 말이 아닌 마음으로, 언어가 아닌 미소로 자신의 메시지를 전달하려는 시인의 태도는 고매한 품성과 무관한 것이 아닐 터이다. 김은수가 펼치는 넓고 깊은 시 세계를 구체적으로 확인하는 작업은 이 글이 감당해야 할 몫이다.

2.

극락과 사바 사이
그 문 지나면 허허로워 진다는데

억겁 지난 오늘

덫 놓고 기다리는 거미 한 마리

밤낮을 잊은 사냥꾼
그래서
들어가지도 나오지도 못해
늘 구경만 하던 방관자

뒤돌아 본 거기
낱 줄에 봉인된 육신 하나 걸려있다.
—「해탈문 3」 전문

김은수의 시집『염화미소』에는 불교적인 표현이 충만하다. 이 시의 제목에 삽입된 '해탈解脫' 역시 불교적인 개념으로서 번뇌의 얽매임에서 풀리고 미혹의 괴로움에서 벗어남을 뜻한다. 이 작품에서 긴요한 역할을 담당하는 '극락極樂'과 '사바娑婆' 역시 불교적인 맥락에서 이해할 수 있다. 극락은 아미타불이 살고 있는 정토淨土로, 괴로움이 없으며 지극히 안락하고 자유로운 세상을 뜻하고, 사바는 괴로움이 많은 인간 세계 곧 석가모니불이 교화하는 세계를 가리킨다.

우리는 이 시에서 명사 '사이'에 주목해야 한다. '극락'과 '사바'를 가르는 기준은 '괴로움'이고, 이 괴로운은 '번뇌' 또는 '미혹'과 연결된다는 점에서 '해탈'과 관련된다. 대부분의 인간은 '해탈문' 또는 '그 문' 앞에서 망설인다. 평범한 사람들은 '극락'과 '사바' 사이에서, '들어가다'와 '나오다' 사이에서 갈등한다. 어떤 뚜렷한 선택도 하지 못한 채 우리는 구경꾼으로서, 방관자로서 방황한다. 김은수 시인은 독자들에게 '봉인된 육신'을 해제하고 '해탈'의 길로 나아갈 것을 권유하는 중이다.

문을 나서
두 손 가득 쥐지 말고
발 뗄 때 작은 삶도 존중하고
향기로움에 목메지 말며
좋은 것만 눈 돌리면 안 된다

문 열고 들어와
눈감고 귀 닫고
가부좌 틀고 합장하면
삼라만상 날 안고 나를 살리고
맘은 맑은 샘물
가슴은 바다를 안은 하늘
그리고
보이는 건 모두 풀꽃이 된다.

—「해탈문 5」 전문

'해탈'을 향한 김은수의 집념은 연작시의 형태르 구체화되었다. 독자들은 '가부좌'나 '합장' 같은 어휘에서 불교의 영향력을 확인할 수 있으며, 이러한 수행修行이 해탈로 나아가는 길임을 깨닫게 된다. 1연 3행에 제시된 '작은 삶'은 시인이 지향하는 삶의 방식을 보여준다. 그는 '소유' 지향의 삶이 아닌 '존재' 지향의 삶을 제시한다. "두 손 가득 쥐지 말고"나 "눈 감고 귀 닫고" 같은 어구는 이를 알려주는 실례이다. 김은수가 꿈꾸는 삶은 '샘물', '바다', '풀꽃'과 하나가 되는, '삼라만상'과 조화를 이루는 삶이다. 그러한 삶은, 자연을 안고 포용하는 삶은, 시의 화자 '나'를 살리고, 독자를 비롯한 모든 이를 살릴 수 있다고 시인은 역설하는 중이다.

> 빛 좋은 날
> 허물은 황금 갑옷이 되고
> 비웃음은 은빛 투구를 썼다네
>
> 겸손의 창칼이 갑옷을 꿰뚫고
> 진실의 미소가 투구를 벗기는 날
>
> 땅에 귀대고 하늘을 보나니
> 모두가 위에 있고
> 모두가 살아있네
>
> 빛 좋은 밥상
> 인욕을 삼킨다.
>
> —「인욕 1」 전문

이 시의 제목에 삽입된 '인욕忍辱'은 일반적으로 욕된 것을 참는다는 뜻으로 사용되지만, 불교적인 관점에서는 마음을 가라앉혀 온갖 욕됨과 번뇌를 참고 원한을 일으키지 않는다는 의미로 이해된다. 김은수는 여기에서 '허물'을 '황금 갑옷'으로, '비웃음'을 '은빛 투구'에 비유한다. '허물'이 있는 곳에 '비웃음'은 동행한다. '황금 갑옷'에 '은빛 투구'가 어울리는 것도 같은 맥락이다. 시인은 '허물'을 깨뜨리는 방법으로 '겸손'을, '비웃음'

을 해소하는 방편으로 '진실'을 선택했다. 김은수는 '허물'의 당사자가 '겸손'의 자세로 참고 기다리다 보면 언젠가 타인의 '비웃음'이라는 고통이 '진실'의 힘으로 사라질 것임을 확신하는 것이다. 시인은 어렵고 힘들지만 '겸손'과 '진실'만이 모두를 살리는 유일한 길임을 우리에게 알려준다. 아울러 한용운을 연상시키는 찬란한 비유는 김은수의 언어를 더욱 빛내는 요소가 되고 있음을 부기한다.

무엇이 그리 속상했나
멍든 가슴 오래도록
겉은 찢기고 속살마저
허허로이 보이니

맨 처음 그때처럼
그 풋풋하던 연민과
아리기만 하던 그리움 남아

긴긴 세월 기다려 한가지로 얼싸안고
이승인들 어떠리 저승인들 어떠하랴

얼레리오 꼴레리오
환희의 웃음꽃 활짝 피웠네.
—「연리지」 전문

'연리지連理枝'는 두 나무의 가지가 서로 맞닿아서 결이 서로 통하는 상태를 가리키는 동시에 화목한 부부나 남녀 사이를 비유적으로 이르는 말이다. 김은수는 여기에서 '부부' 또는 '연인' 사이의 인연因緣에 관해서 이야기한다. 세월의 두께가 쌓이면서 언제부턴가 서로에게 상처가 되었던 남자와 여자에게는 무엇보다도 초심初心으로 돌아가는 길이 중요하다. 처음 만난 그때를 생각하면서 "그 풋풋하던 연민과/ 아리기만 하던 그리움"을 복기復棋하는 자세가 필요하다. '이승'과 '저승'을 넘나드는 소중한 인연이기에, 스스로의 선택을 존중하는 태도가 긴요한 것이다.

> 멀리서 달려가고 싶어
> 가까이 가면 먹고 싶지
>
> 간드러진 분홍치마
> 알토란 씨방
> 가슴 한켠 선분홍
>
> 불심은 향기로 피어
> 독경소리
> 비슬산 정원 가득하다.
>
> —「진달래 독경」 전문

김은수의 이번 시집을 관통하는 가장 진한 색채는 '불교'와 긴밀하게 연결된다. 시인의 시는 대개 '자연'을 다루면서도 '불교'와의 관련성을 포기하지 않는다. 이 시의 제목인 '진달래 독경'이 바로 그러한 보기가 된다. '불심佛心'이나 '독경讀經소리' 같은 불교적인 어휘가 진달래의 향기라는 자연과 어우러지면서 조화의 세계를 형성하는 장면이 아름답다. 아울러 1연 2행의 "가까이 가면 먹고 싶지"나 2연 1행의 "간드러진 분홍치마" 또는 2연 3행의 "가슴 한켠 선분홍" 등의 문구에서 에로티시즘eroticism의 흔적을 살필 수 있음을 덧붙인다.

> 겨울이 거칠게 나오면
> 하늘은 멀리 도망간다
> 갈색추위 껍질 갈가리 찢을 때
>
> 아플수록 심장은 더 녹색을 띄고
> 꺾인 가지는 서로를 의지하면서
> 속살에 박힌 굳은살 금을 긋는다
>
> 잘생긴 태양 깊게 사정하던 날
> 우듬지 위에 눈꽃 피고
> 계절의 사생아 두 팔 벌려 포효하는
> 초록의 헤라클레스 시위를 당긴다.
>
> —「겨우살이」 전문

앞의 시에서 김은수는 '진달래'라는 '식물'을 대상으로 에로틱한 장면을 연출한 바 있다. 이번 작품에서도 시인의 '식물성 에로티시즘'은 지속된다. 그는 여기에서 '겨우살이'라는 식물과 영원한 젊음의 상징인 '태양'이 깊은 관계를 형성하고 있음을 보여준다. 특히 3연 1행의 "잘생긴 태양 깊게 사정하던 날"이나 3연 4행의 "초록의 헤라클레스 시위를 당긴다" 등에 담긴 역동성은 주목할 만한 표현이다. 언어예술의 한계를 벗어나서 회화성을 극대화하는 김은수 시인의 감각적인 언어는 '자연'과 '식물'을 의인화하는 이 시에서 강렬한 인상을 남기고 있는 것이다.

해가 산불 내
저녁하늘 낯붉히면
그 불길 냅다
가슴에 품은 여인을 찾는다

바람이 노적봉, 벼슬봉 사이를 찔러
고요한 청호저수지 물오르던
흘러간 세월 타고남은 혼인되어
가슴 속 남은 불씨 하나
밤을 밝힌다

말없이 타는 혼불
온천지 꽃심방에 불기둥 일으키면
저 하늘 몽땅 태우고 남을
천불 일 난다.

—「천불 1」 전문

김은수는 성性이 인간을 비롯한 자연의 근본 원리임을 잊지 않았다. '불길' → '불씨' → '불기둥' → '천불'로 연결되는 '불'의 연쇄는 '외부'의 불이자 '내면'의 불이다. 그것은 '자연'의 불이자 '인간'의 불이다. 시인은 '하늘'로 대표되는 자연과 '여인'으로 대변되는 인간의 조화를 강조한다. 1연 2행의 "저녁하늘 낯붉히면"이나 2연 1행의 "바람이 노적봉, 벼슬봉 사이를 찔러" 또는 3연 2행의 "온천지 꽃심방에 불기둥 일으키면"이 불러일으키는 역동성은 생명의 환희를, 살아있음의 경이를 독자들에게 온전하게 전달한다는 점에서 놀랍다.

살다 보면 참 말도 많다
할 말 못할 말
해야 되는 말 해서는 안 되는 말
차라리
황새는 울대를 지워버렸다

잘못되었다 싶으면
긴 다리 건들거리며 가서
그냥
긴 부리로
툭툭 어깨치고 먼 산 본다

새하얀 깃 세우고
훨 날면
바다도 친구 하늘도 친구
새벽녘 별들조차 품에 안기지만
황새는 결코 말하지 않는다.

—「황새는 말하지 않는다」 전문

이 시는 '황새'와 '사람'을, '자연'과 '인간'을 대비한다. 우리는 누구나 '말'을 하지 않으면 살아갈 수 없다. 말을 하다 보면,

말이 많아지다 보면, '할 말'만 하는 것이 아니라, '해야 되는 말'만 하는 것이 아니라, '못할 말'도 하게 되고, '해서는 안 되는 말'도 하게 된다. 단순한 '말실수'를 넘어서 '설화舌禍'로 번지는 경우도 발생한다.

김은수는 '말'을 사용하다 곧잘 '탈'이 생기는 인간에게 황새라는 대안을 제시한다. 시인은 말하지 않음으로써 어떤 문제도 일으키지 않는 황새의 경지를 부러워한다. 이는 이번 시집의 제목이기도 한 '염화미소'의 상황과 닮았다. 말이 아닌 마음으로, 말이 아닌 미소로 조화로운 삶을 영위하자는 김은수 시인의 제안은 매력적이다.

한밤중
어둠을 깨우는 당신
말없이 건네는 열쇠 하나

감사의 맘으로
문을 열었습니다
순간 눈부신 빛줄기
원 안의 나를 풀어놓습니다

시작과 끝
빛과 어둠 그리고 그림자
미움과 원망과 절망의 고삐는
쪽빛 바다 밑바닥으로 사라집니다

이 아침

아직 잠든 당신께
솟아오르는 열반의 합창으로
열쇠 하나
손에 꼬옥 쥐어 드립니다.

—「행복의 열쇠」 전문

김은수는 긍정의 시인이다. 시인은 이 시에서 '미움'과 '원망'과 '절망'으로 연결되는 '부정'의 계열을 선택하지 않는다. 그가 선택한 바는 '행복'과 '감사'와 '열반'으로 이어지는 '긍정'의 노선이다. 김은수가 제시하는 '눈부신 빛줄기'는 '불교'에서 발원한 긍정성이다. 이 시는 치유의 힘을 적절하게 보여준다. 이는 종교가 전달하는 치유이고, 시가 던져주는 치료이다. 문학과 예술과 종교가 갖는 치유의 힘, 치료의 효과를 보여준다는 점에서 김은수의 이 작품은 현대적이다.

바다위에 놀다
구름 위 떠다니고

바람 노래 귀 기울이고
숲의 향기에 비틀대다
물소리에 낄낄 웃는

양지 꽃길 산책하다
상사화 고백에
산허리 안고 맴도는

한낮의 유혹에 눈멀고
밤마다 별똥 찾아 두리번대는
우주의 품새에 길들여진
황홀한 세월의 바람둥이.
—「바람」 전문

이 시를 읽는 독자는 즐거움이라는 감정에 빠져들 확률이 높다. 시인이 다루는 '바람'은 특정한 자연 현상 곧 "기압의 변화 또는 사람이나 기계에 의하여 일어나는 공기의 움직임"을 가리킨다. 하지만 김은수가 제시하는 바람은 공기의 움직임이라는 자연 현상만을 뜻하지 않는다. 시인의 바람은 놀기도 하고, 귀를 기울이거나 비틀대기도 한다. 또한 웃기도 하고 산책도 한다. 고백이나 유혹에 흔들리기도 하는 바람이 '바람둥이'임이 밝혀지는 대목에서 우리는 시인의 유머와 위트를 확인한다. 김은수는 공기의 움직임을 뜻하는 '바람'과 "몰래 다른 이성과 관계를 가짐"을 뜻하는 '바람'을 겹침으로써 독자의 예상과 기대를 배반하고 있다. 이런 반전이야말로 시의 매력을 증폭시키는 계기가 된다.

하늘 아래 씨앗 하나 뚝 떨어져
햇살 좋은 밭에 심고 정성스레 물주고
날마다 미소 지어 싹 뜨면
너는 나에게 꿈길 열어 보이고
실낱같던 줄기 통통 살이 올라
뽀송한 꽃봉오리 봉곳 솟을 때
눈 감고 가슴 열어 너를 안는다

참으로 설레고 벅찬 가슴앓이

햇살 저축한 씨방 속 시어 살찌고
시든 꽃 속내엔 영근 씨알 떠날 채비
붉게 익은 시 한 편
노을빛으로 산허리에 걸터앉으면
밤이 와 낙엽 위로 흰 눈 쌓이고
가슴속 오물거리던 언어들
신세계 꿈꾸며 기억창고 속
텃밭 일군다

심고, 땀 흘려 가꾸고, 추수하고
겨울엔 처마 끝에 모종을 매달아 놓는 난
때를 기다리며 살아가는 범인凡人
시 짓는 농부일 뿐.
—「시 짓는 농부」 전문

시를 포함한 모든 예술은 시인이나 작가 또는 예술가의 내면과 그를 둘러싼 외부 환경과의 교류에서 비롯된다. 이 시의 화자 '나'는 '시 짓는 농부'이다. '시 짓는 농부'라는 말을 살펴보면, '농사를 짓는 농부'와 '시를 쓰는 시인'이라는 표현이 결합한 개념임을 알 수 있다. '나'는 '농사를 짓는 시인'이자 '시를 쓰는 농부'이다.

김은수가 '시 짓는 농부'라는 단어를 고안한 까닭은 '농사'와 '시'를, '자연'과 '시'를 동일한 것으로 취급했기 때문이다. 시인은 우리에게 자연에서 농사를 짓는 일이, 시를 쓰는 일과 다른 것이 아님을 알려준다. 이 시에 제시되는 '시어', '시 한 편', '언어들', '시' 등은 '나'가 텃밭에서 심고 가꾸고 추수하는 '자연'과 다른 말이 아니다. '시'와 '삶'이 다른 말이 아님을 보여준다는 점에서 김은수는 '시인'과 '농부', 두 역할의 균형을 달성하였다.

매듭과 매듭사이
직선이 곡선과 이어지는 곳
에로스 사랑이 승리하던 날

빛과 그림자의 경계는 지워져
우주의 밑그림 위에는
태동의 맑은 미소 걸렸다

움직이는 것과 멈춘 것이
서로 맞물려 밀담을 나누고
마당바위 실금 사이로 별똥 하나

수억 겹 싸고 싸도
바람 길 따라 뚫고 나오는
연둣빛 줄기세포 심는다.

—「창조의 힘」 전문

대조적인 것들의 통합을 꿈꾸는 시이다. '직선'과 '곡선'을, '빛'과 '그림자'를, '움직임'과 '멈춤'의 조화를 실현하려는 김은수의 실험이 위태롭지만 아름답다. 통합과 조화를 추동하는 힘은 무엇보다도 '에로스eros' 또는 '사랑'일 것이다. 하나로서의 인간과 자연과 우주를 꿈꾸는 시인의 포부가 대단하다. 이제 김은수는 사랑의 시인으로 거듭난다.

어머니는 시집오실 때
무명 주머니 하나 차고 오셨는데
아버지는 그 안에 무엇이 들었는지
모른 채 오십 년을 살았다

힘들고 어려울 때면 몰래
열어 보시며 미소 짓던 당신

이제야
그 낡은 주머니를 엽니다

사남 일녀의 행복을 기원하는
기도소리에 눈물만 가득 채웁니다.

—「어머니의 지참금」 전문

'지참금'은 "신부가 시집갈 때에 친정에서 가지고 가는 돈"을 뜻한다. 이 시는 '어머니의 지참금'을 다룬다. 어머니의 지참금은 조금 특이하다. 어머니가 시집오신 후 50년이 지나고, 긴 세월이 흐른 후에 그녀가 가지고 온 '무명 주머니'를 살펴보니 그 안에는 '돈'이 들어있지 않았다. 어머니의 지참금은 '자식들의 행복을 기원하는 기도소리'였던 것이다.

이 작품은 돈이 모든 것을 지배하는 현대사회의 '배금주의'

또는 '황금만능주의'에 경종을 울린다. 이 시는 가족의 건강과 자식의 행복을 기원하는 어머니의 마음이야말로 진정한 지참금임을 보여준다. 물질이 아닌 정신의 가치를 되새긴다는 점에서 김은수의 이 시는 독자들에게 스스로를 되돌아보는 계기를 마련해 줄 것이다.

어머니는 날마다
노란 풍선을 부신다

계절마다 열린 별자리 따다가
가슴 깊은 곳에 숨겨두고
정성스레 기도를 한다

저녁이면 팽팽해진 풍선
하늘 멀리 띄우면
오리온 카시오피아 북두칠성
가득 담은 꿈이 부푼다.

—「풍선」 전문

앞에서 우리는 어머니의 기도소리를 살폈다. 이번 시에서도 어머니의 기도는 지속된다. '별자리'를 바라보며 자식을 향한 '기도'를 하는 어머니의 모습은 숭고하다. 김은수는 어머니가 기도를 올리는 행위를 노란 풍선을 부는 행위와 겹침으로써, 기도의 간절함을 배가시킨다. 저녁이면 어머니의 기도를 담은 풍선은 멀고 먼 별자리를 향해서 날아갈 것이고, 풍선으로 구체화된 그녀의 기도는 끝나지 않을 꿈으로 언제까지나 부풀 것이다. 하늘 아래 가장 큰 은혜가 어머니의 은혜임을 구체적으로 보여주는 이 시는 진정한 가편佳篇이다.

해질녘 강가는 온통 난장판
어둠에 쫓겨 온 것들
그림자 길게 끌며
서로 안고 조금씩 수몰되고

비좁은 물속 뜸북뜸북
물고기 튕겨 오르고
그것도 순간
흔적 없이 사라진 삶의 도구들

물결 떠받아 갈아엎는 달과
부서져 내린 별무리 수평 이룰 때
공평한 어둠
우주의 섭리 어디쯤
나도 숨죽이고 거기 있겠다.

—「휴면休眠」 전문

김은수 시인의 이번 시집에서 가장 매력적인 시로 꼽을 만한 작품이다. 시의 화자 '나'가 이야기하는 잔잔한 감성이 처연한 아름다움으로 다가온다. '해질녘 강가'라는 시공時空이 조성하는 분위기가 '수몰'이나 '소멸'의 정황과 적확하게 어울린다. 특히 3연에 제시되는 '수평'이나 '공평' 또는 '섭리' 등의 어휘가 건축하는 세계의 구도에 자연스럽게 흘러드는 '나'의 자세가

돋보인다. '나'가 보여주는 '휴면'의 태도는 우주와 합일하려는 인간의 자세와 다른 말이 아니다. 자연과 우주를 향한 인간의 겸손한 태도를, 경외감이라고 부를 수 있는 감정을 절절하게 표현한 수작秀作이 아닐 수 없다.

3.

김은수 시집 『염화미소』의 특성으로는 우선 불교적인 표현의 빈번한 노출을 꼽을 수 있다. 그의 시편에서 불교가 갖는 의미는 단순한 종교로서의 가치를 넘어선다. 시인은 불교를 하나의 세계관이자 우주관으로서 수용하고, 삶을 바라보는 기율로서 고양한다.

김은수는 번뇌나 미혹을 끊고 해탈의 경지에 도달할 수 있기를 바라고, 겸손과 진실과 인욕의 자세로 삶을 살아갈 것을 다짐한다. 인간과 인간, 인간과 자연, 인간과 우주의 교감을 추구하는 시인은 인연의 소중함을 잘 아는 자이다. 그는 또한 식물과 같은 자연에서 에로티시즘의 영역을 확인하는데, 이는 생명의 환희와 살아있음의 경이를 독자들에게 전달한다.

이번 시집에서 김은수 시인은 말이 아닌 마음으로, 말이 아닌 미소로 조화로운 삶을 영위하자는 매력적인 제안을 하는데, 이와 같은 '염화미소'의 자세는 깊이 음미할 만한 것이다. 그는 또한 시'와 '삶'이 다른 말이 아님을 보여줌으로써 '시인'과 '농부', 두 역할의 균형을 달성하였다. '시'가 '삶'을 포기해서는 안 된다는 시인의 메시지는 큰 울림으로 다가온다.

김은수 시인이 형상화한 어머니 관련 시편은 부모와 자식, 물질과 정신의 참된 의미를 되돌아보게 한다는 점에서 가치가 있다. 그의 시는 인간이 혼자가 아님을, 인간은 다른 인간과 교류하고, 자연과 소통하며, 우주와 교감하는 존재임을 일깨워 주었다는 점에서 유의미하다. 그런 까닭에 우리는 앞으로 다가올 김은수 시인의 시 세계가 더욱 커지고 넓어질 것임을 의심하지 않는다.

김은수

김은수 시인은 경북 의성에서 태어났고, 2003년『시사문단』신인상으로 등단했다. 한국문협, 대구문협, 의성문협부회장, 경북문협 회원 및 달성문협부회장 역임과 21세기 생활문학인협회 회장으로 활동하고 있으며, 시집으로는『모래꽃의 꿈』과『하늘 연못』이 있고,『염화미소』는 김은수 시인의 세번 째 시집이 된다. 현재는 오랜 공직생활을 마감하고 경북 성주에서 텃밭을 가꾸며 자연과 벗 삼아 살아간다.

염화미소란 고통을 참고 견딘 자의 미소이며, 그 미소가 "연못 속의 연꽃"처럼 피어난 미소를 말한다. 이 세상에서 가장 아름다운 연꽃 속에서 "묵언의 향기"가 퍼져나가면 티없이 맑고 깨끗한 "천심동자"가 "염화ㅁ소"(「염화미소 1」)로 화답하게 된다. 김은수 시인의『염화미소』속에서는 모든 고통이 사라지고, 아름답고 풍요로운 삶의 찬가가 울려퍼지게 된다. 모든 예술과 철학은 낙천주의를 양식화시킨 것이다.

이메일 : kes6156@hanmail.net

김은수 시집

염화미소

발　　행 2016년 5월 31일
지 은 이 김은수
펴 낸 이 반송림
편집디자인 김지호
펴 낸 곳 도서출판 지혜
계간시전문지 애지
기획위원 반경환 이형권 황정산
주　　소 34624 대전광역시 동구 선화로 203-1 2층 도서출판 지혜 (삼성동)
전　　화 042-625-1140
팩　　스 042-627-1140
전자우편 ejisarang@hanmail.net
애지카페 cafe.daum.net/ejiliterature

ISBN : 979-11-5728-188-6 03810
값 9,000원